AF219170

Impressum
Verlag: BABADADA GmbH, Nedderfeld 112 , 22529 Hamburg
Geschäftsführer / Verlagsleitung: Harald Hof
Druck: Books on Demand GmbH, In de Tarpen 42, 22848 Norderstedt

Imprint
Publisher: BABADADA GmbH, Nedderfeld 112 , 22529 Hamburg, Germany
Managing Director / Publishing direction: Harald Hof
Print: Books on Demand GmbH, In de Tarpen 42, 22848 Norderstedt

baba
school

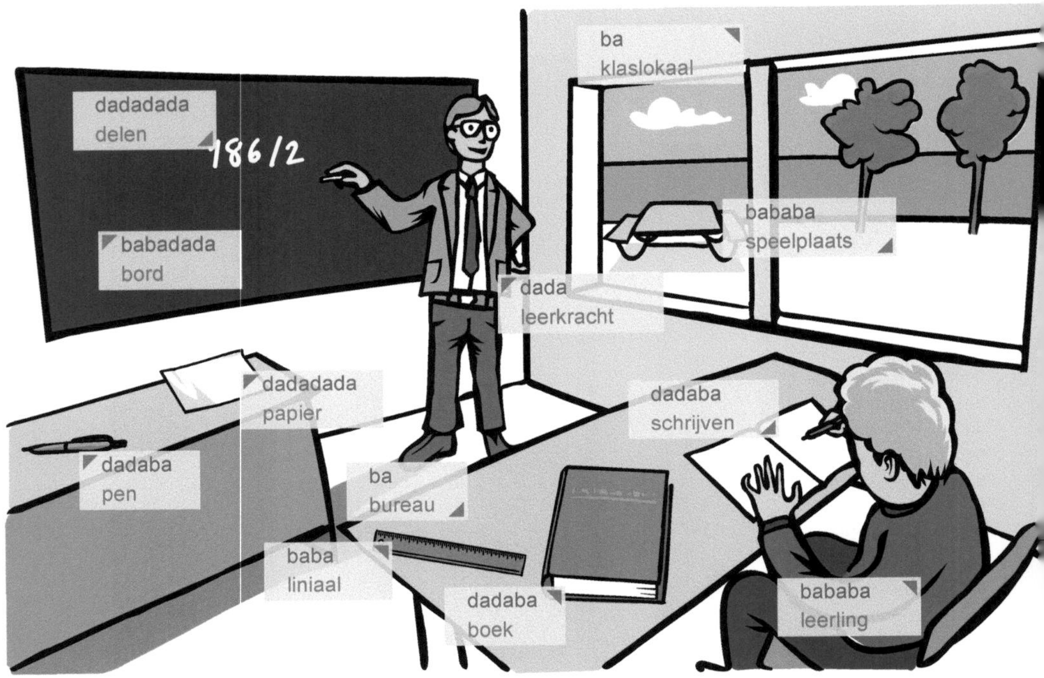
ba
klaslokaal
dadadada
delen
186/2
babadada
bord
bababa
speelplaats
dada
leerkracht
dadadada
papier
dadaba
schrijven
dadaba
pen
ba
bureau
baba
liniaal
dadaba
boek
bababa
leerling

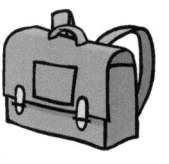

dadaba
schooltas

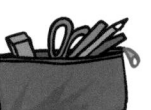

dada
pennenzak

bababa
potlood

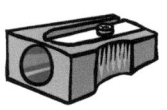

dadaba
puntenslijper

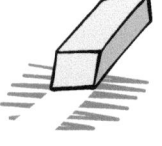

baba
gom

ba
tekenblok

bababa
tekening

ba
verfborstel

dada
verfdoos

babadada
schaar

dadaba
lijm

dadadada
werkboek

babadada
huiswerk

bababa
nummer

dadaba
optellen

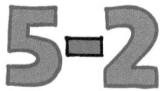

bababa
aftrekken

badada
vermenigvuldigen

dadababa
rekenen

babababa
letter

babababa
alfabet

dada
woord

babadada

tekst

dadadada

Lezen

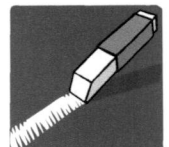

dada

krijt

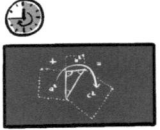

babababa

les

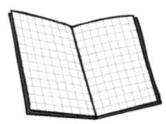

ba

klassenboek

baba

examen

babababa

certificaat

babadada

schooluniform

babababa

onderwijs

dadababa

encyclopedie

babababa

universiteit

dadababa

microscoop

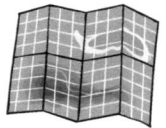

bababa

kaart

babadada

papiermand

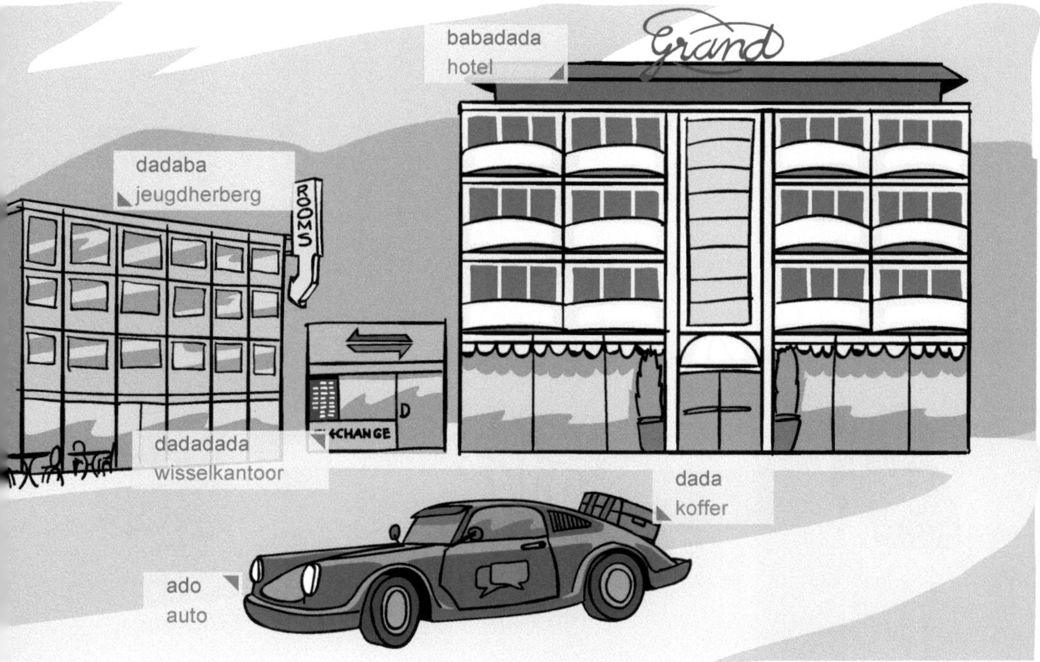

babadada
hotel
Grand
dadaba
jeugdherberg
ROOMS
dadadada
wisselkantoor
EXCHANGE
dada
koffer
ado
auto

dadadada
Taal

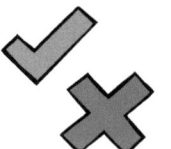

da / meh
ja / nee

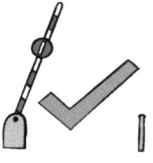

Oh
oké

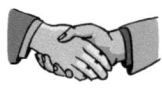

ba
hallo

dada
vertaler

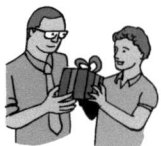

dada
bedankt

babababa

Hoeveel kost ...?

ah

Ik begrijp het niet

dadaba

probleem

ba dada

Goedenavond!

babadada

Goedemorgen!

heia!

Goedenavond!

dadaba

Tot ziens

badada

richting

dada

bagage

babababa

zak

babababa

rugzak

baba

gast

dadadada

kamer

dadadada

slaapzak

dada

tent

dadadada

toeristeninformatie

badada

strand

babadada

kredietkaart

dadababa

ontbijt

baba

lunch

bababa

avondeten

dada

ticket

dada

lift

babadada

postzegel

badada

grens

dadaba

douane

babadada

ambassade

dadaba

visum

dada da da da

paspoort

dadadada
transport

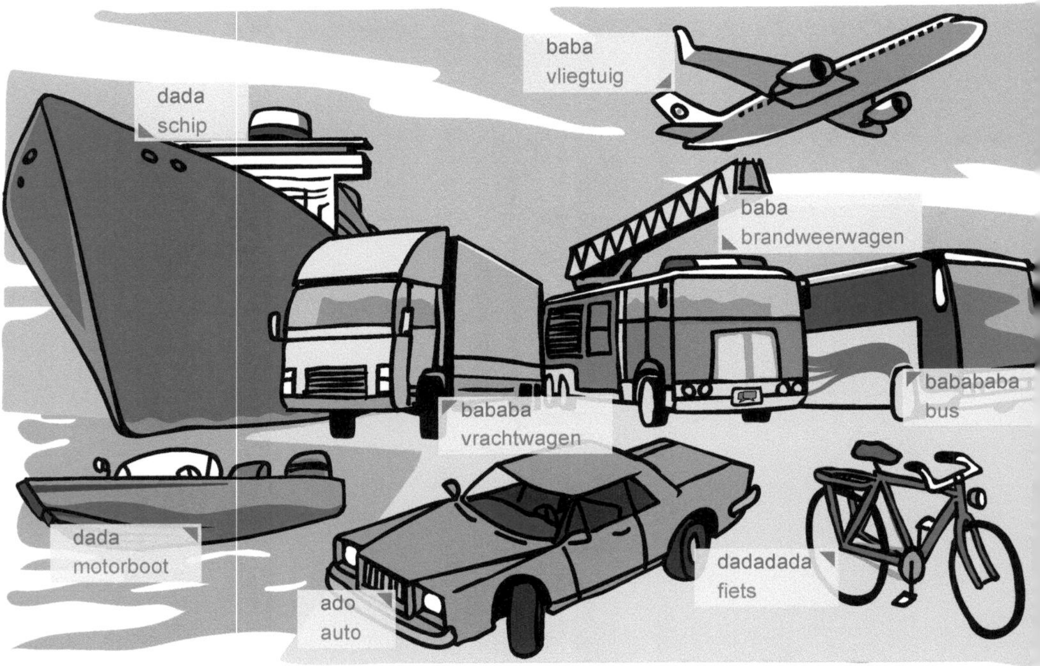
baba
vliegtuig
dada
schip
baba
brandweerwagen
babababa
bus
bababa
vrachtwagen
dada
motorboot
dadadada
fiets
ado
auto

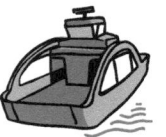

babadada

veerboot

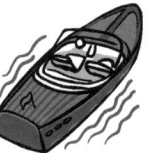

baba

boot

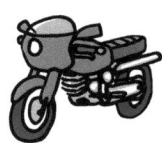

bababa

motor

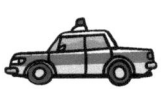

ado

politiewagen

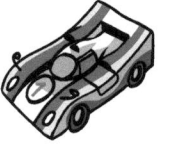

ado

racewagen

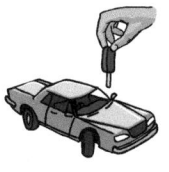

auto

huurauto

dada

carpoolen

ado

sleepwagen

ado

vuilniswagen

brumbrum!

motor

bababa

benzine

dada

benzinestation

dadaba

verkeersbord

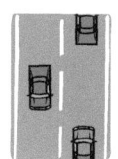

badada

verkeer

ado ado

file

babadada

parkeerplaats

babababa

station

dada

sporen

dadaba

trein

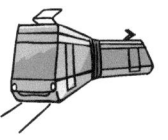

baba

tram

dadaba

wagon

baba

helikopter

baba

luchthaven

dadaba

toren

baba

passagier

badada

container

dada

karton

baba

kar

dadadada

mand

da / bada

opstijgen / landen

dadaba

stad

bababa

dorp

dadababa

stadscentrum

dadaba

huis

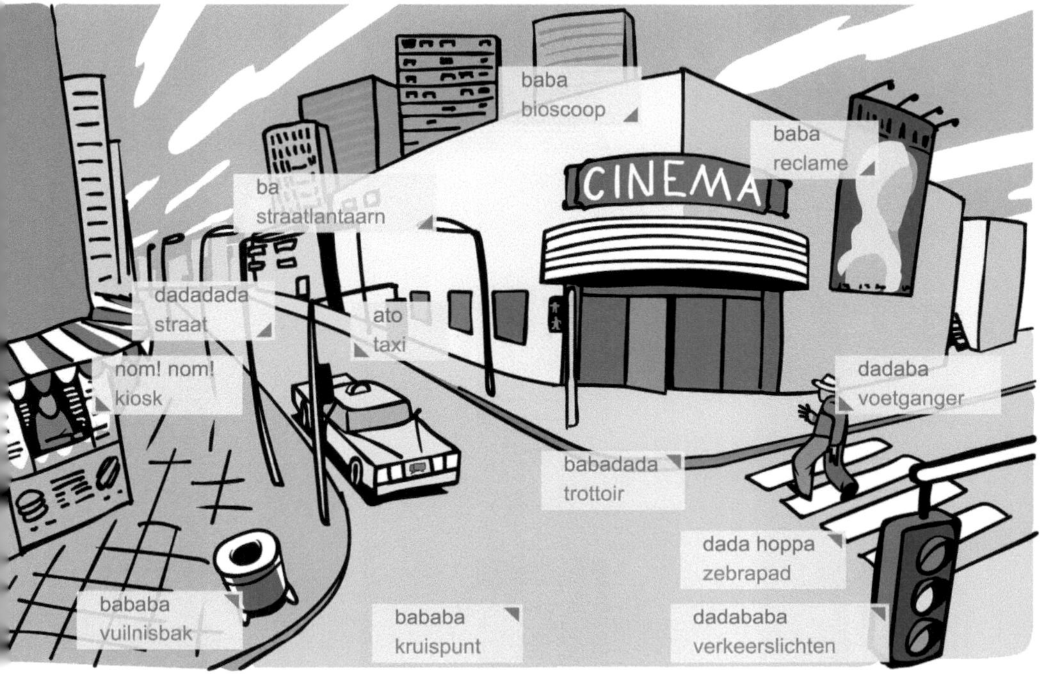

baba
bioscoop

baba
reclame

ba
straatlantaarn

CINEMA

dadadada
straat

ato
taxi

nom! nom!
kiosk

dadaba
voetganger

babadada
trottoir

dada hoppa
zebrapad

bababa
vuilnisbak

bababa
kruispunt

dadababa
verkeerslichten

babadada

hut

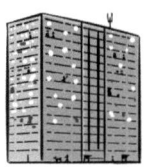

dadadada

woning

babababa

station

dadaba

stadshuis

bababa

museum

baba

school

bababababa

universiteit

dadadada

bank

aua!

ziekenhuis

babadada

hotel

aua!

apotheek

baba

kantoor

bababa

boekwinkel

ba

winkel

dadaba

bloemenwinkel

dada nom nom

supermarkt

dadadada

markt

dadadada

warenhuis

nom! nom!

vishandelaar

baba

winkelcentrum

ba

haven

dadadada

park

baba

bank

babababa

brug

dadadada

trap

bababa

metro

baba

tunnel

ba

bushalte

babababa

bar

nom nom!

restaurant

dadaba

brievenbus

dada

straatnaambord

baba

parkeermeter

bababa

zoo

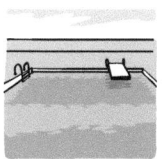

dada

zwembad

baba

moskee

dadaba
....
boerderij

dadababa
....
milieuverontreiniging

bababa
....
kerkhof

ba
....
kerk

dadababa
....
speelplaats

bababa
....
tempel

dada
landschap

baba
blad

baba
wegwijzer

dada
weg

bababa
weide

baba
steen

dada
wandelaar

dadababa
boom

bababa
rivier

dada
gras

mama!
bloem

dada - landschap

badada

vallei

bababa

heuvel

dadadada

meer

dadadada

bos

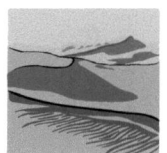

dadababa

woestijn

dadaba

vulkaan

babababa

kasteel

dadaba

regenboog

bababa

paddenstoel

dadababa

palmboom

aua!

mug

badada

vlieg

dadababa

mier

summ summ

bijl

dada

spin

dadaba

kever

quak

kikker

dadababa

eekhoorn

dadaba

egel

baba

haas

gackgack

uil

gackgack

vogel

gackgack

zwaan

babadada

wild zwijn

dadadada

hert

dadadada

eland

dadadada

dam

ba

windturbine

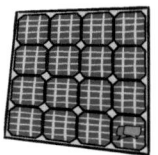

dadadada

zonnepaneel

bababa

klimaat

dadadada
ober

baba
menu

dadaba
stoel

nom! nom!
soep

nom nom!
pizza

ba
bestek

babababa
tafelkleed

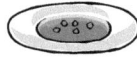

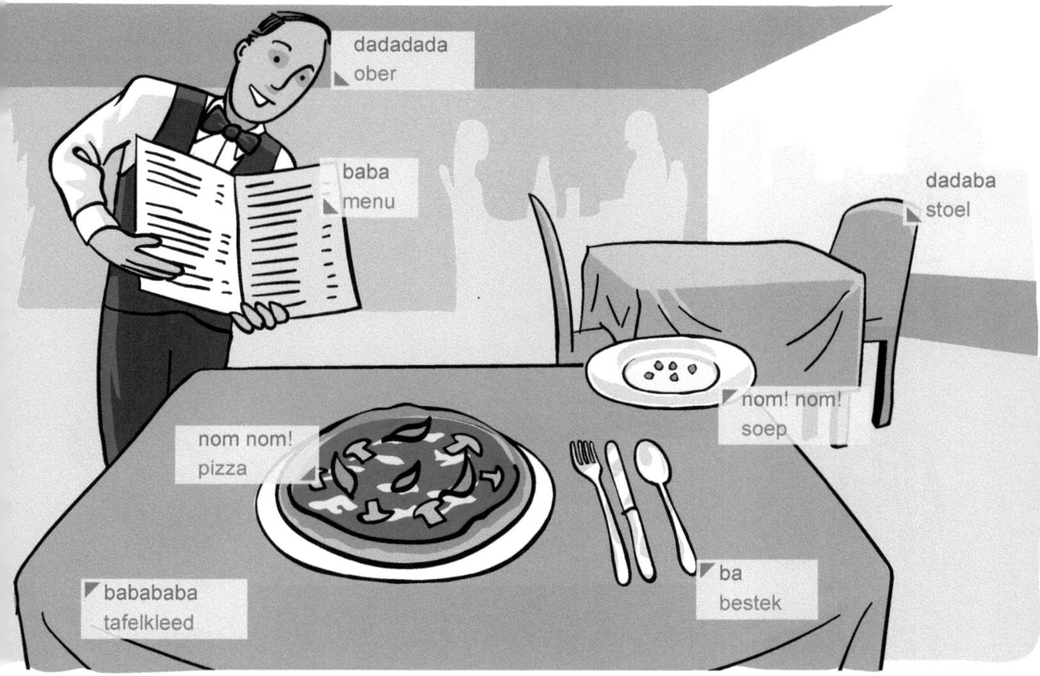

nom! nom!
voorgerecht

nom! nom!
hoofdgerecht

nom nom!
nagerecht

dadababa
drankjes

nom nom!
eten

nom nom!
fles

nom! nom!

fastfood

nom! nom!

street food

bababababa

theepot

nom! nom!

suikerpot

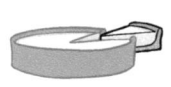

nom nom!

portie

dadaba

espressomachine

bababa

kinderstoel

ba

rekening

bababa

dienblad

ba

mes

babadada

vork

dadaba

lepel

bababa

theelepel

dadaba

serviette

ba

glas

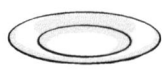

nom nom!
bord

bababa
soepbord

bababa
schoteltje

nom! nom!
saus

dadadada
zoutvatje

dadaba
pepermolen

bähbäh
azijn

dadababa
olie

dadababa
kruiden

nom! nom!
ketchup

nom! nom!
mosterd

nom nom!
mayonaise

dada nom nom
supermarkt

dadababa
aanbieding
FOR
dadaba
klant
dadaba
zuivelproducten
nom nom!
fruit
baba
winkelwagen

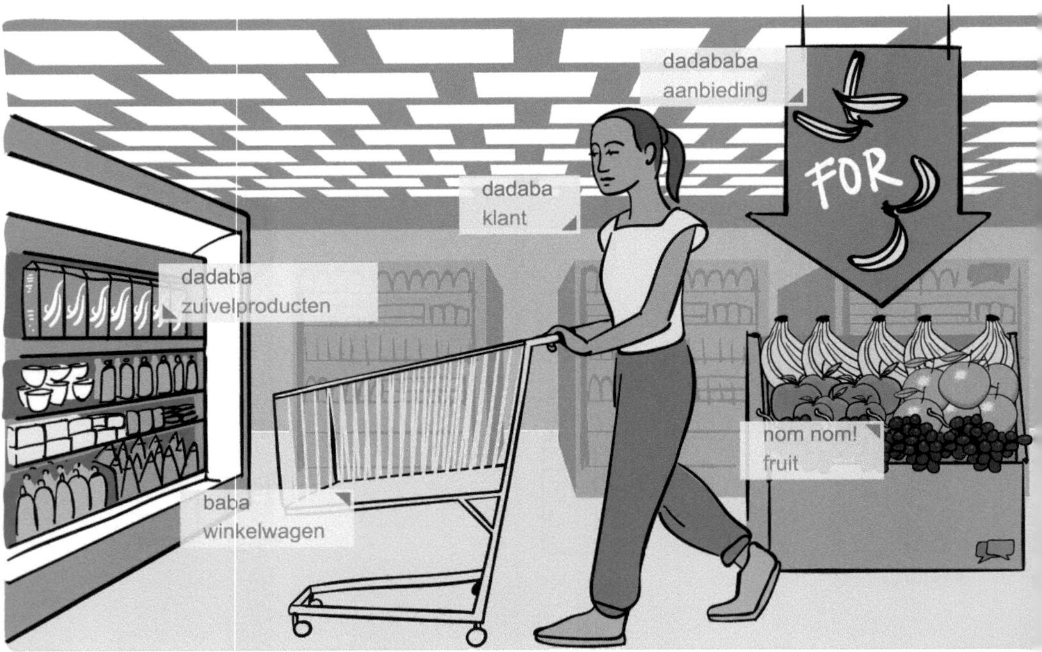

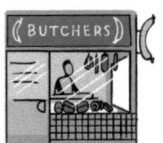

BUTCHERS

dadaba
slagerij

BAKERY

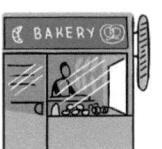

nom! nom!
bakkerij

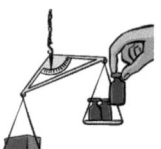

bababa
wegen

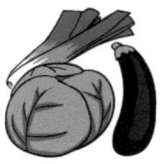

bähbäh
groenten

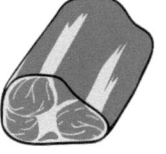

nom nom!
vlees

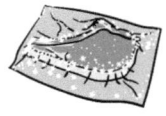

nomnom
diepvriesvoedsel

nom nom!

charcuterie

nomnom

conserven

bababa

waspoeder

baba

snoep

dadaba

huishoudproducten

dadababa

schoonmaakproducten

bababa

verkoopster

bababa

kassa

dadaba

kassier

dada

boodschappenlijstje

dadababa

openingstijden

baba

portefeuille

babadada

kredietkaart

dadababa

tas

dadababa

plastieken zakje

wasa

water

dadadada

sap

badada

melk

ba

cola

bababa

wijn

dadadada

bier

dadaba

alcohol

bababa

cacao

dadababa

thee

dada

koffie

dadaba

espresso

dadababa

cappuccino

nane
....
banaan

nom nom!
....
appel

bababa
....
sinaasappel

nom nom!
....
meloen

nom nom!
....
citroen

bähbäh
....
wortel

bada meh
....
knoflook

dadaba
....
bamboe

dadaba
....
ajuin

nom nom!
....
champignon

nom nom!
....
noten

nom nom!
....
noodles

nom nom!

spaghetti

nom nom!

rijst

nom nom!

salade

nom nom!

frieten

nom nom!

gebakken aardappelen

nom nom!

pizza

nom nom!

hamburger

nom nom!

sandwich

nom nom!

kalfslapje

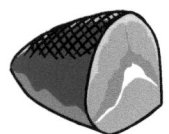

nom nom!

ham

nom nom!

salami

nom nom!

worst

gack gack

kip

nom nom!

braden

nom nom!

vis

nom nom!

havervlokken

bähbäh

muesli

nom nom!

cornflakes

nom nom!

bloem

nom nom!

croissant

babadada

pistolet

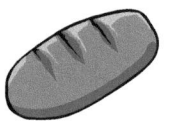

nom! nom!

brood

nom nom!

toast

nom nom!

koekjes

nom nom!

boter

nom nom!

kwark

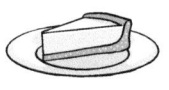

nom nom

taart

dadaba

ei

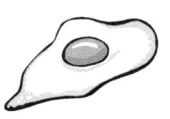

nom nom!

spiegelei

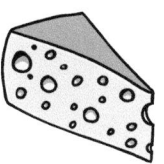

bada muh

kaas

nom nom!

ijs

nom nom!

suiker

baba summ

honing

nom nom!

confituur

nom nom!

choco

babadada

curry

dadaba
boerderij

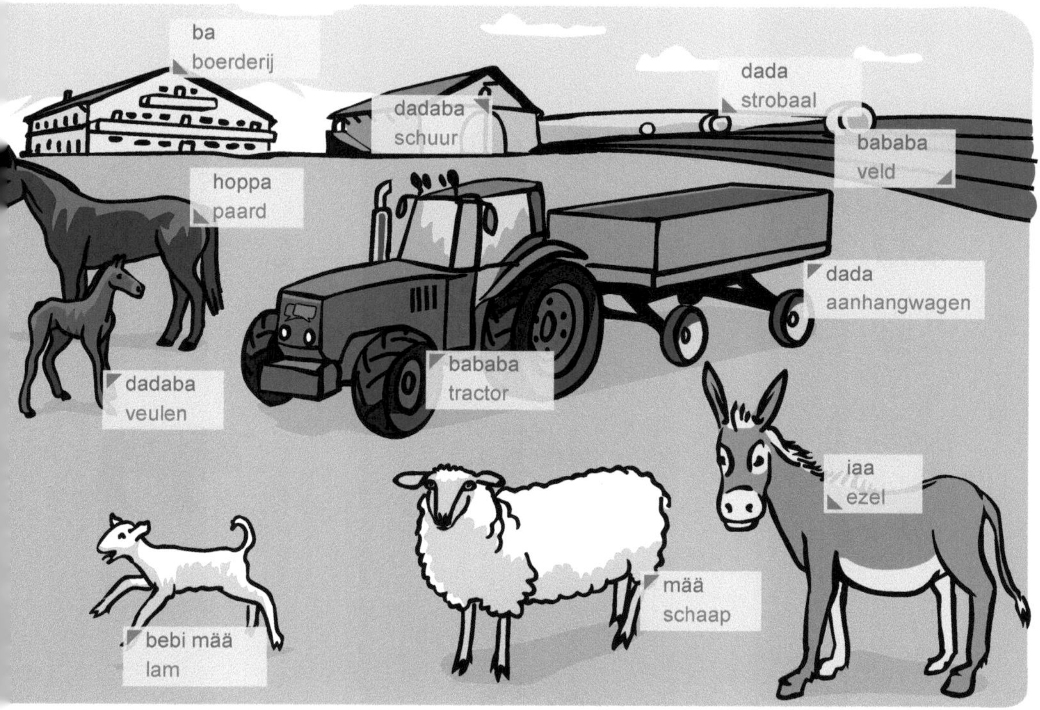
ba
boerderij
dadaba
schuur
dada
strobaal
bababa
veld
hoppa
paard
dada
aanhangwagen
bababa
tractor
dadaba
veulen
iaa
ezel
mää
schaap
bebi mää
lam

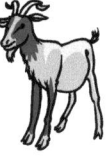

baba
geit

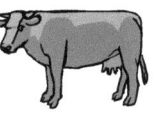

muh
koe

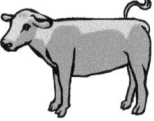

mimuh
kalf

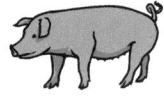

mama oink
varken

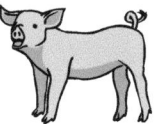

oink
biggetje

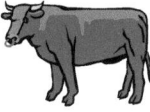

dadadada
stier

gackgack

gans

gackquack

eend

gacki

kuiken

gackgack

kip

gacko

haan

dada

rat

mau

kat

bababa

muis

muh

os

wauwau

hond

wauwau

hondenhok

baba

tuinslang

dadababa

gieter

baba

zeis

dadababa

ploeg

baba

sikkel

dadadada

schoffel

dada

hooivork

bababa

bijl

babababa

kruiwagen

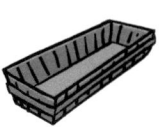

baba

trog

dada muh

melkkan

dadababa

zak

badada

hek

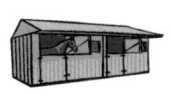

dadadada

stal

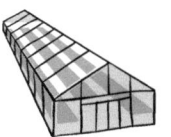

ba

broeikas

babadada

bodem

baba

zaad

baba

mest

dadababa

maaidorser

bababa

oogsten

dadadada

oogst

dadaba

yam

dadababa

tarwe

dadababa

soja

bababa

aardappel

badada

maïs

bababa

koolzaad

bababa

fruitboom

dadadada

maniok

dadababa

graan

dadaba
huis

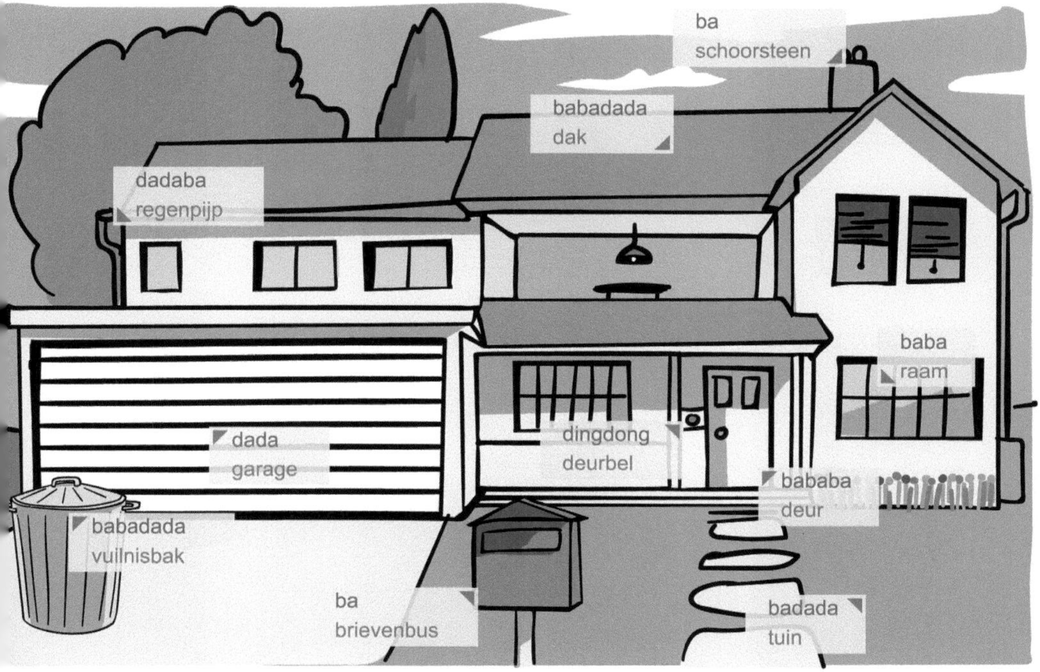
ba
schoorsteen
babadada
dak
dadaba
regenpijp
baba
raam
dada
garage
dingdong
deurbel
bababa
deur
babadada
vuilnisbak
ba
brievenbus
badada
tuin

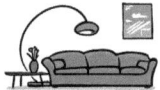

dadadada
woonkamer

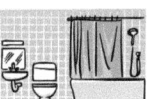

bababa
badkamer

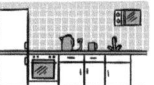

bababa
keuken

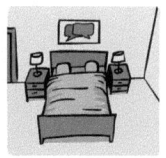

dadababa
slaapkamer

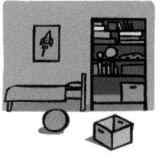

meina
kinderkamer

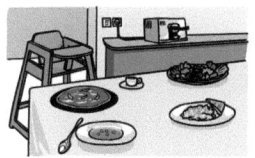

dadaba
eetkamer

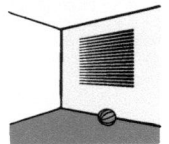

badada

vloer

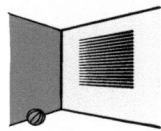

dadababa

muur

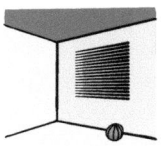

bababa

plafond

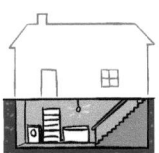

dada

kelder

dadababa

sauna

babababa

balkon

dadadada

terras

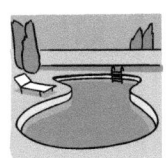

bababa

zwembad

baba

grasmaaier

dadaba

dekbedovertrek

babadada

dekbed

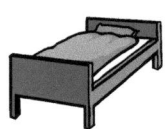

heia!

bed

dada

bezem

dadaba

emmer

dadababa

schakelaar

dadadada
woonkamer

dadadada
behangpapier
badada
foto
badada
lamp
dadadada
schap
ba
kast
dada gucki
televisie
dadababa
open haard
mama!
bloem
baba
kussen
dada
sofa
dadaba
vaas
baba
afstandsbediening

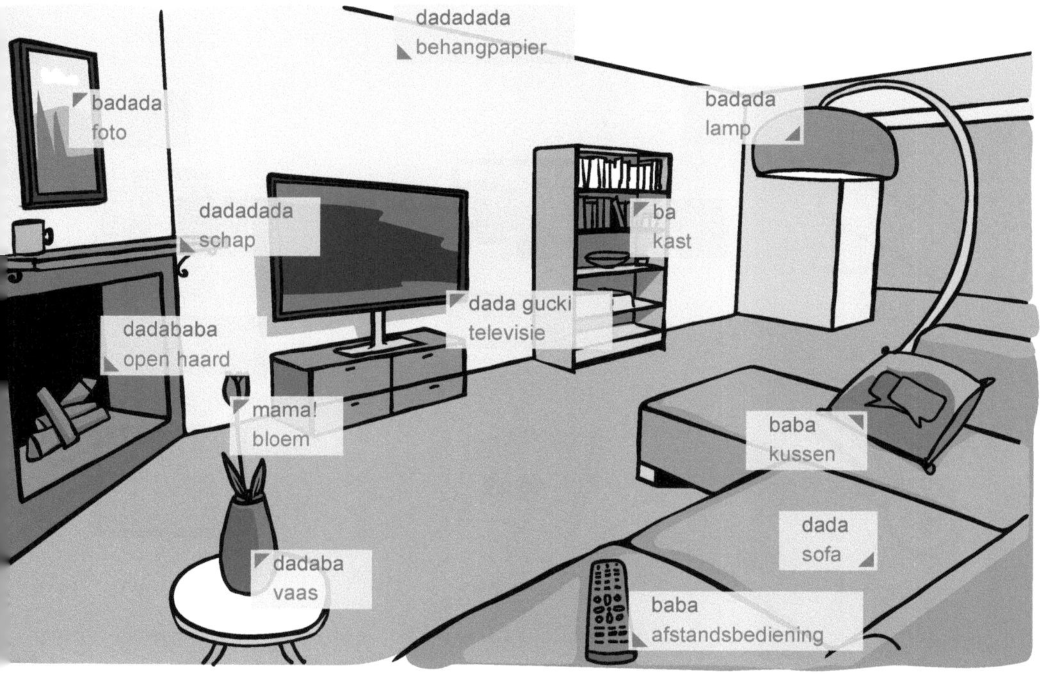

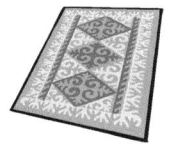

dada

mat

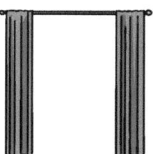

bababa

gordijn

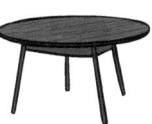

ba

tafel

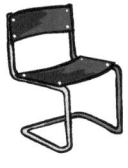

dadaba

stoel

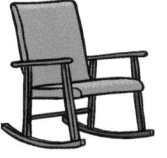

dadadada

schommelstoel

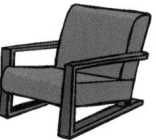

bababa

fauteuil

dadaba

boek

dadadada

deken

dadaba

decoratie

ba

brandhout

dadadada

film

lala

stereo-installatie

babadada

sleutel

dadadada

krant

dadadada

schilderij

bababa

poster

lala

radio

dadababa

notitieboekje

babadada

stofzuiger

aua!

cactus

babadada

kaars

bababa
keuken

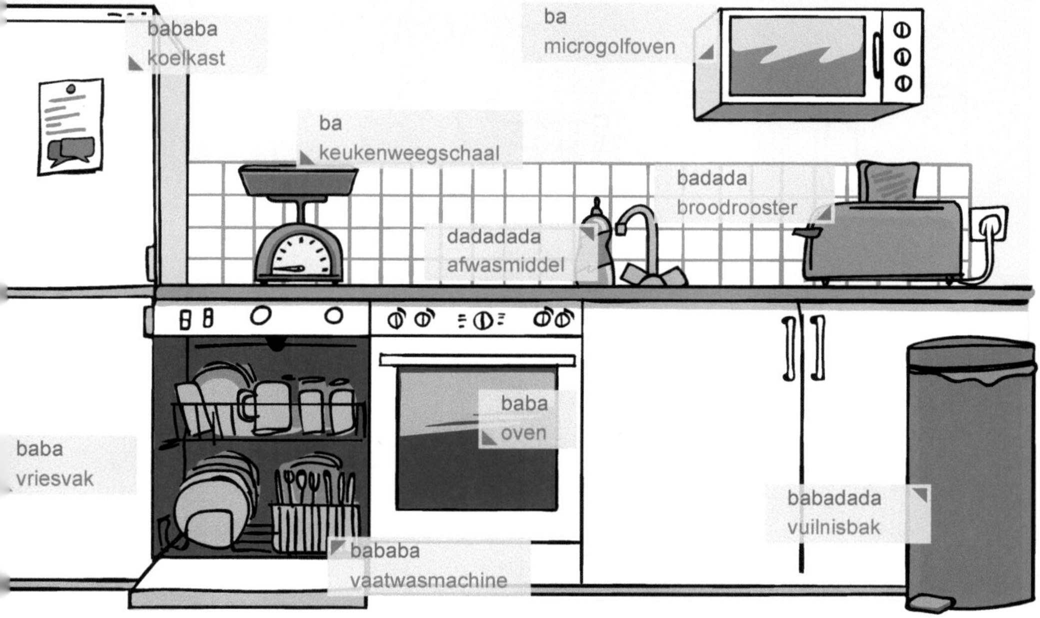

bababa
koelkast
ba
microgolfoven
ba
keukenweegschaal
badada
broodrooster
dadadada
afwasmiddel
baba
oven
baba
vriesvak
babadada
vuilnisbak
bababa
vaatwasmachine

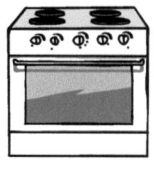

dada

fornuis

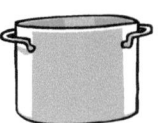

dada

pot

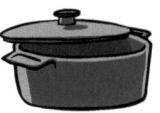

dada

gietijzeren pot

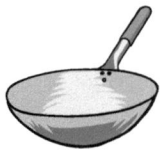

baba / dada

wok / kadai

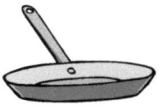

badada

pan

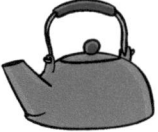

ba

waterkoker

dadababa

stoomkoker

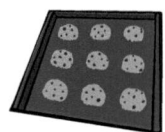

bababa

bakplaat

dadaba

servies

dadadada

mok

dadaba

kom

baba

eetstokjes

dadaba

pollepel

dadadada

spatel

badada

garde

dada

vergiet

bababa

zeef

baba

rasp

dadababa

mortier

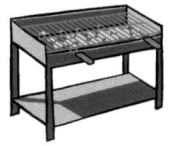

dada

barbecue

aua!

haardvuur

dadababa

snijplank

babababa

deegrol

dadababa

kurkentrekker

dadadada

blik

bababa

blikopener

dadababa

pannenlap

dadadada

gootsteen

dadababa

borstel

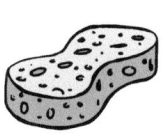

ba

spons

aua!

blender

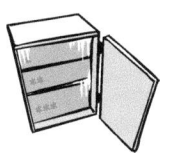

babadada

vriezer

bababa

papfles

dadadada

kraan

bababa
badkamer

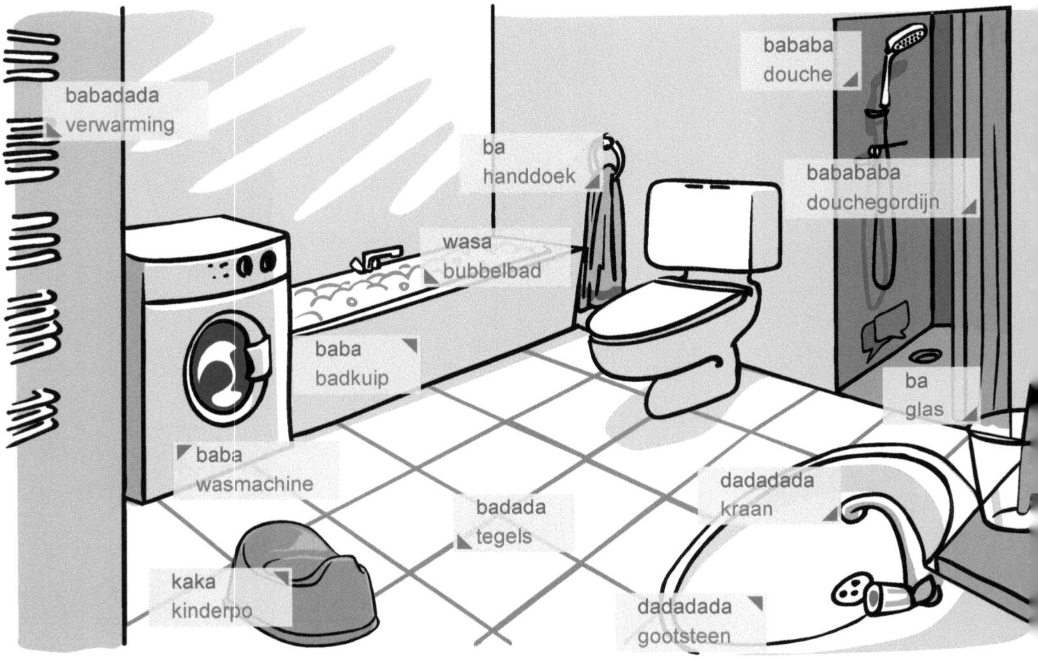

babadada
verwarming
ba
handdoek
bababa
douche
babababa
douchegordijn
wasa
bubbelbad
baba
badkuip
ba
glas
baba
wasmachine
badada
tegels
dadadada
kraan
kaka
kinderpo
dadadada
gootsteen

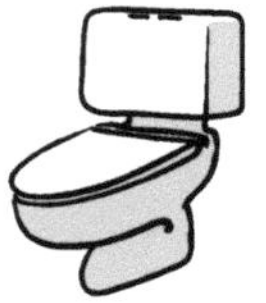

kaka
....
toilet

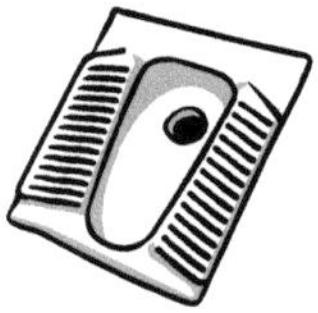

ba
....
hurktoilet

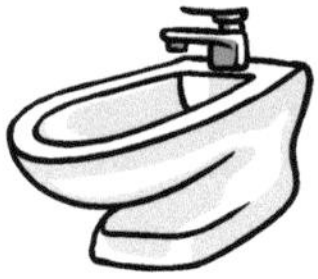

dadababa
....
bidet

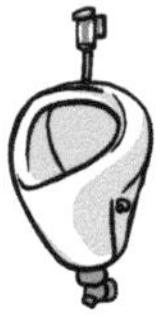

dadababa
....
urinoir

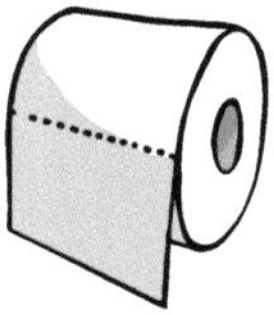

kaka
....
toiletpapier

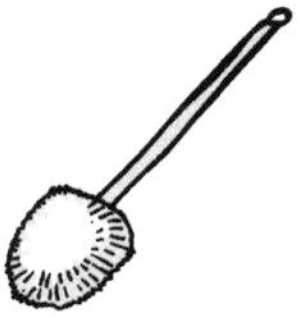

bababa
....
toiletborstel

bababa

tandenborstel

nom! nom!

tandpasta

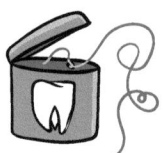

dadadada

flosdraad

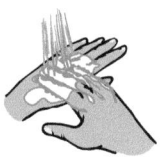

bababa

wassen

bababaaba

handdouche

dadadada

bidethanddouche

badada

waskom

dadadada

rugborstel

nom! nom!

zeep

nom! nom!

douchegel

nom! nom!

shampoo

babadada

washandje

dadaba

afvoer

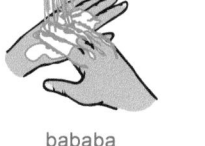

nom! nom!

crème

bababaaba

deodorant

dadadada

spiegel

dadadada

handspiegel

ba

scheermes

nom! nom!

scheerschuim

nam! nam!

aftershave

dadababa

kam

baba

borstel

dadadada

haardroger

badada

haarlak

dadaba

make-up

mama!

lippenstift

ba

nagellak

bababa

watten

dadadada

nagelknipper

bababa

parfum

bababa - badkamer

dadadada

toilettas

bababa

kruk

dadadada

weegschaal

ba

badjas

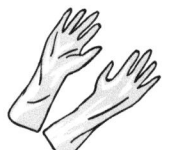

babababa

latex handschoenen

ba

tampon

bababa

maandverband

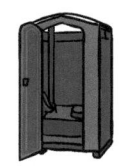

baba

chemisch toilet

meina
kinderkamer

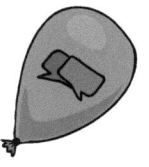

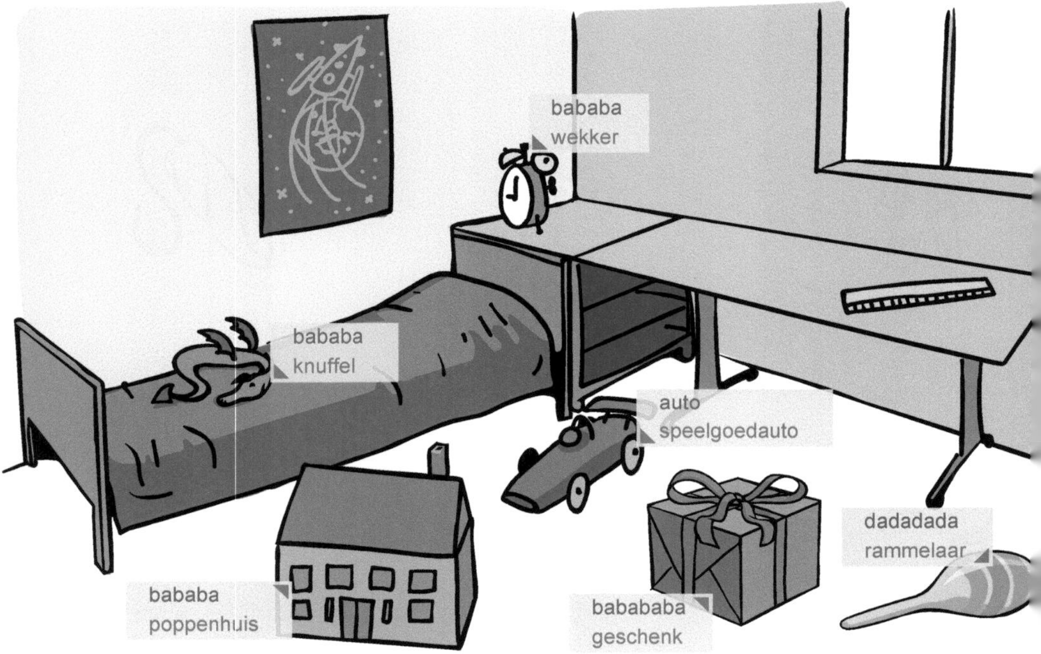

bababa
wekker
bababa
knuffel
auto
speelgoedauto
dadadada
rammelaar
bababa
poppenhuis
babababa
geschenk

dadadada
ballon

heia!
bed

dadaba
kinderwagen

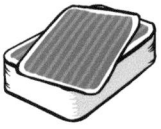

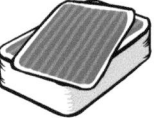

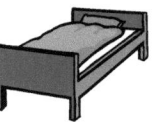

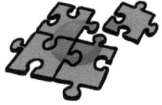

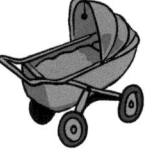

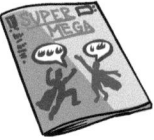

dadababa
spel kaarten

bababa
puzzel

dadababa
stripboek

badada

legoblokjes

badada

blokken

dada

actiefiguur

dadadada

kruippakje

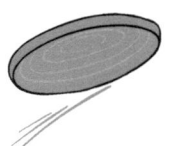

dadaba

frisbee

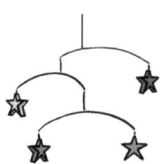

dadaba

mobiel

ba

bordspel

baba

dobbelsteen

dadababa

modelspoorweg

lula

fopspeen

baba

feest

dadaba

prentenboek

dada

bal

dada

pop

badada

spelen

dadaba

zandbak

babababa

schommel

dadababa

speelgoed

dadaba

spelconsole

babadada

driewieler

dadababa

knuffelbeer

dadaba

kleerkast

baba
kleding

dadadada

sokken

ba

kousen

dada

maillot

bababa
sjaal

dadababa
riem

bababa
paraplu

badada
T-shirt

baba
laarzen

baba
slippers

ba
sneakers

bababa

sandalen

badada

schoenen

dada

rubberlaarzen

ba

onderbroek

baba

beha

dadadada

onderhemd

badada

lichaam

ba

broek

bababa

jeans

dada

rok

bababa

blouse

dadadada

hemd

baba

trui

baba

capuchontrui

babadada

blazer

baba

jas

bababa

jas

dadababa

regenjas

bababa

kostuum

ba

jurk

dadaba

trouwjurk

dadadada

pak

babababa

nachthemd

heia

pyjama

baba

sari

dadadada

hoofddoek

dada

tulband

dada

boerka

baba

kaftan

dadadada

abaya

wasa

badpak

bababa

zwembroek

dadababa

short

babababa

trainingspak

baba

schort

babababa

handschoenen

dadaba

knoop

babadada

bril

dada

armband

dadababa

ketting

bababa

ring

dadababa

oorbel

dada

pet

babadada

kapstok

dadababa

hoed

bababa

das

badada

rits

dadaba

helm

dada

bretellen

babadada

schooluniform

bababababa

uniform

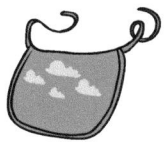

namnam

slabbetje

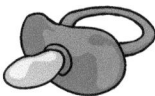

lula

fopspeen

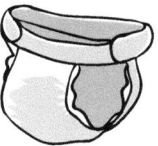

kaka!

luier

baba

kantoor

dadaba
server
dadababa
dossierkast
badada
printer
dadadada
papier
dadadada
monitor
ba
bureau
baba
muis
dadaba
map
dada
toestenbord
babadada
papiermand
dada
computer
bababa
stoel

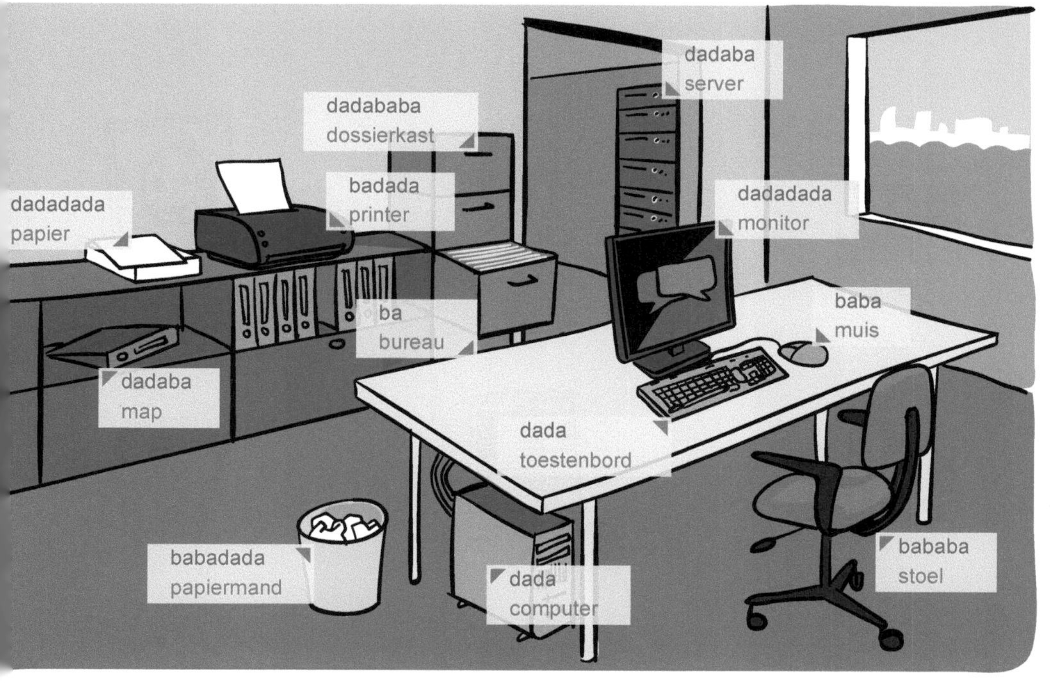

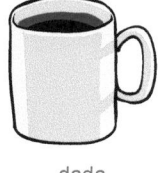

dada

koffiemok

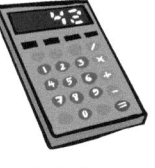

bababa

rekenmachine

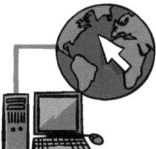

da da

internet

papa!

laptop

dadababa

brief

ba

bericht

fon

gsm

bababa

netwerk

ba

kopieerapparaat

bababa

software

dada bing

telefoon

aua!

stopcontact

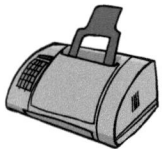

bababa

fax

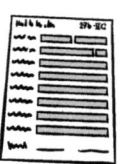

dadaba

formulier

bababa

document

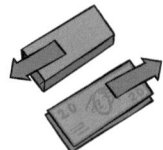

baba

kopen

dadadada

betalen

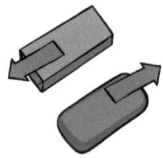

dadaba

handelen

badada

geld

babadada

dollar

dadaba

euro

bababa

yen

ba

roebel

dada

Zwitserse frank

dada

Chinese renminbi

ba

roepie

ba

geldautomaat

dadadada

wisselkantoor

dadadada

goud

baba

zilver

dadadada

olie

ba

energie

dadadada

prijs

baba

contract

bababa

belasting

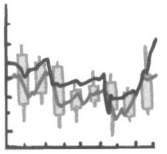

dadadada

aandeel

dadaba

werken

dadadada

werknemer

dadababa

werkgever

dadaba

fabriek

ba

winkel

ba

beroepen

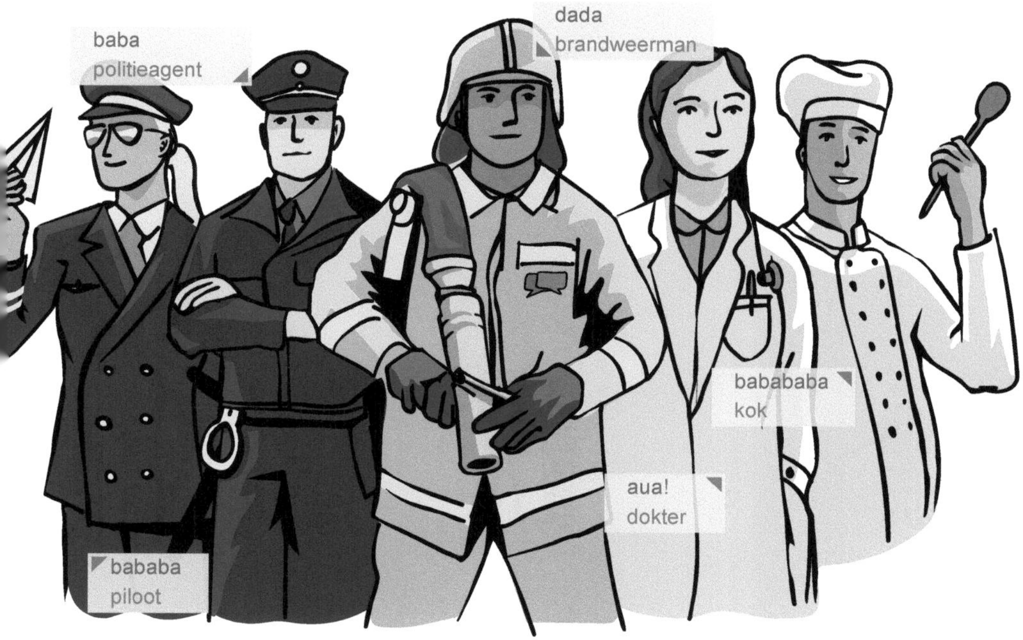
baba
politieagent
dada
brandweerman
bababa
piloot
babababa
kok
aua!
dokter

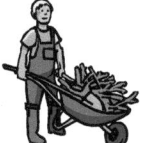

bababa
tuinman

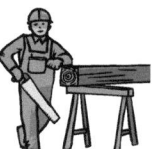

bababa
timmerman

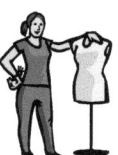

baba
naaister

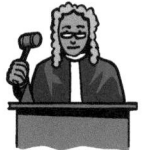

bababa
rechter

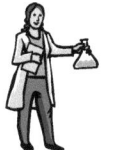

dadaba
chemicus

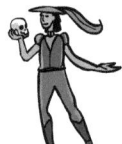

dadababa
acteur

ba
....

buschauffeur

auto mann
....

taxichauffeur

bababa
....

visser

dadadada
....

schoonmaakster

dadadada
....

dakdekker

dadadada
....

ober

badada
....

jager

dadadada
....

schilder

dadababa
....

bakker

papa!
....

elektricien

babababa
....

bouwvakker

bababa
....

ingenieur

dadababa
....

slager

dadadada
....

loodgieter

bababa
....

postbode

dadadada

soldaat

ba

architect

dadaba

kassier

bababa

bloemist

babadada

kapper

bababa

conducteur

dadaba

mecanicien

dada

kapitein

badada

tandarts

ba

wetenschapper

bababa

rabbijn

dadaba

imam

dada

monnik

dadadada

geestelijke

dada
werktuigen

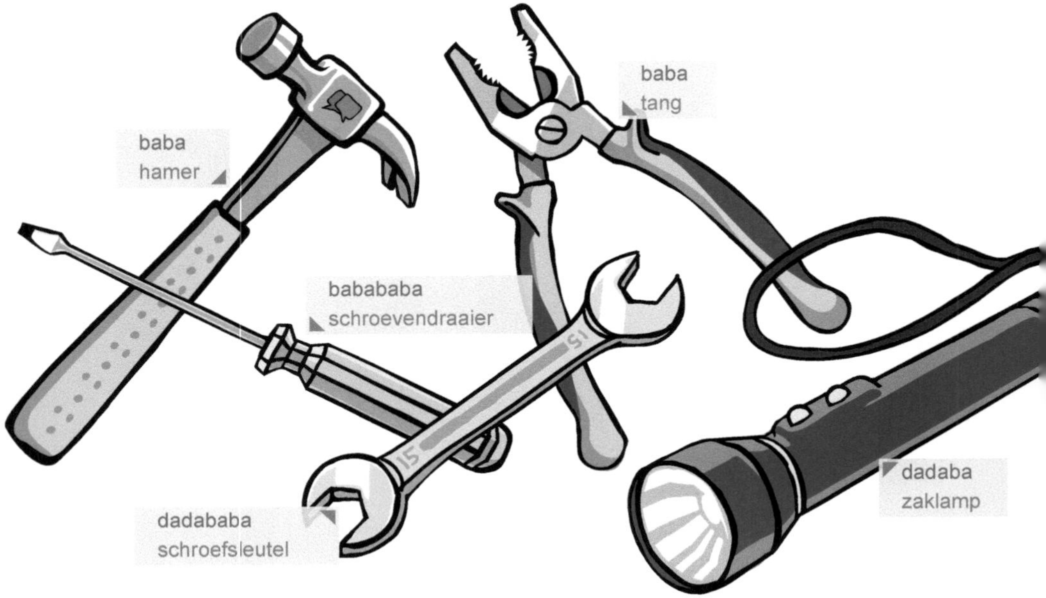

baba
hamer
baba
tang
babababa
schroevendraaier
dadababa
schroefsleutel
dadaba
zaklamp

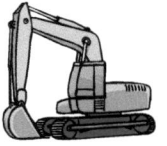

dadaba
graafmachine

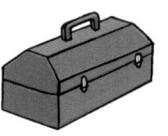

baba
gereedschapskoffer

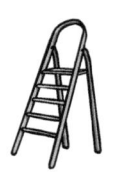

babababa
ladder

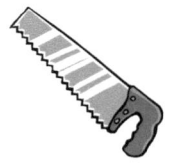

dadaba
zaag

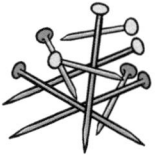

babadada
spijkers

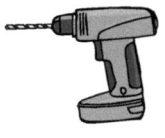

dada
boormachine

dadababa

repareren

dada

schop

aua!

Verdomme!

dada

blik

dadaba

verfpot

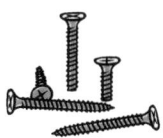

babababa

schroeven

bababa

muziekinstrumenten

bungas
drumstel

boom boom
luidspreker

ba
gitaar

dadababa
contrabas

bombede
trompet

bingbing

piano

bababa

viool

ba

basgitaar

badada

pauk

bunga bunga

trommels

badada

keyboard

dadababa

saxofoon

dadababa

fluit

dadadada

microfoon

baba
ingang

dada mau
tijger

bababa
kooi

dadababa
zebra

babadada
diereneten

dada
panda

dadadada
dieren

bababa
olifant

dadaba
kangoeroe

babadada
neushoorn

dada
gorilla

bababababa
beer

dadaba

kameel

gackgack

struisvogel

babadada

leeuw

dadaba

aap

gackgack

flamingo

bababa

papegaai

bababa

ijsbeer

dada

pinguïn

bababa

haai

dadaba

pauw

badada

slang

babababa

krokodil

dadadada

dierenverzorger

dada

zeehond

bababa

jaguar

ei!

pony

dadadada

luipaard

dada

nijlpaard

bababababa

giraffe

bababa

adelaar

babadada

wild zwijn

nom nom!

vis

dadadada

zeeschildpad

anje

walrus

dadadada

vos

bababa

gazelle

dadababa
rugby

dadaba
wielrennen

bum bum
tennis

ball
basketbal

badada
zwemmen

aua!
boksen

baba
ijshockey

dadadada

voetbal

badada

badminton

dadababa

atletiek

ball

handbal

dadadada

skiën

baba

polo

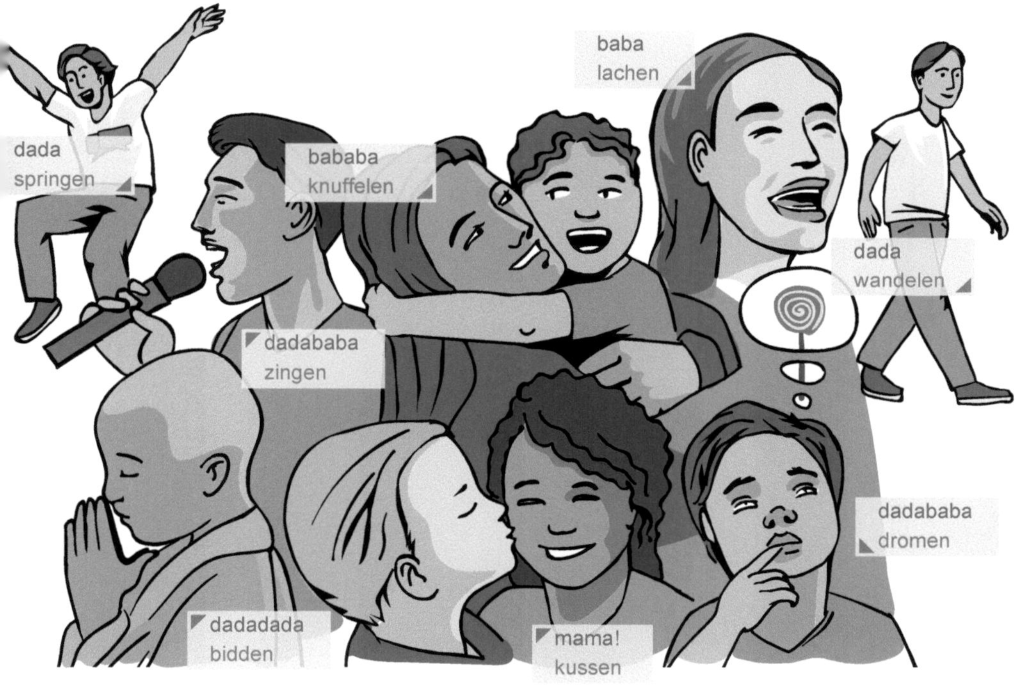

baba
lachen

dada
springen

bababa
knuffelen

dadababa
zingen

dada
wandelen

dadadada
bidden

mama!
kussen

dadababa
dromen

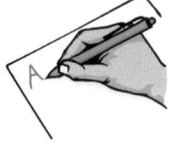

dadaba

schrijven

dada

tekenen

dadababa

tonen

dada

duwen

badada

geven

dadaba

nemen

dadaba

hebben

dadadada

doen

babadada

zijn

dadadada

staan

baba

lopen

dadababa

trekken

dadadada

gooien

dadaba

vallen

badada

liggen

dadaba

wachten

bababa

dragen

ba

zitten

dadababa

aankleden

heia!

slapen

bababa

ontwaken

bababababa

kijken naar

baaaaaa

wenen

dadadada

aaien

bababa

kammen

bababa

praten

baba

begrijpen

badada

vragen

dadababa

luisteren

bababa

drinken

nomnom!

eten

badada

opruimen

ba

houden van

badada

koken

dadababa

rijden

dadadada

vliegen

dadababa

zeilen

dadababa

rekenen

dadadada

Lezen

dadababa

leren

dadaba

werken

baba

trouwen

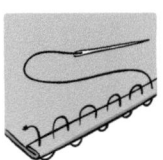

dada

naaien

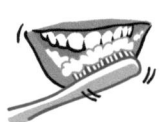

aua!

tandenpoetsen

aua!

doden

dadababa

roken

babababa

sturen

oma!
grootmoeder

opa!
grootvader

papa!
vader

mama!
moeder

bebi
baby

ba
dochter

badada
zoon

baba

gast

ba

tante

bababa

oom

nein!

broer

nein!

zus

dadababa
lichaam

bababa
voorhoofd
dada
oog
bababa
schouder
dada
vinger
dada
gezicht
dadababa
kin
baba
hand
dadaba
been
da
borst
bababa
arm

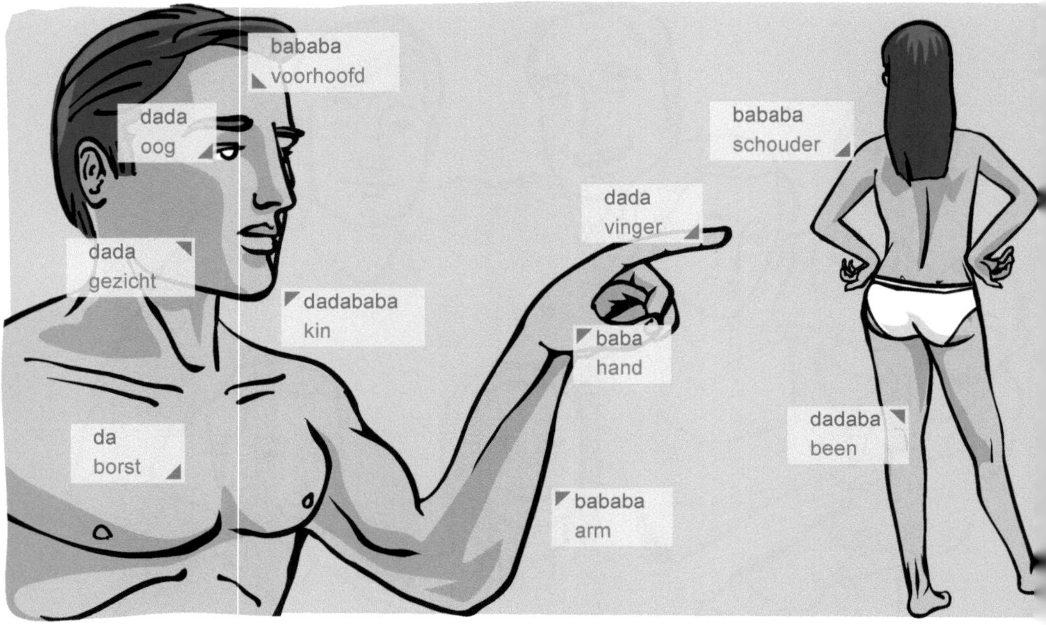

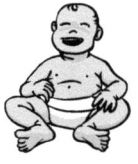

bebi

baby

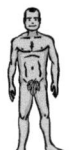

papa!

man

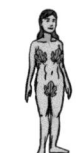

mama

vrouw

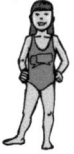

baba

meisje

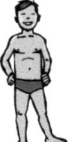

babadada

jongen

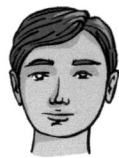

bababa

hoofd

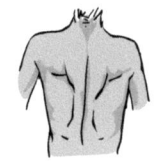

baba

rug

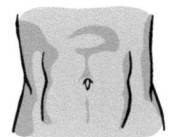

dadababa

buik

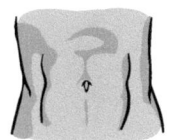

dada

navel

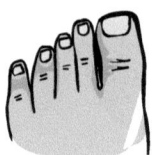

dadababa

teen

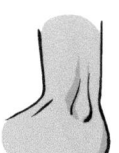

ba

hiel

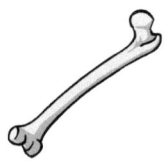

badada

bot

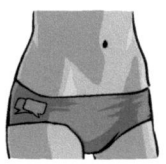

bababa

heup

dada

knie

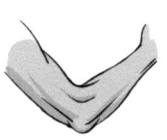

dadadada

elleboog

bababa

neus

popo

zitvlak

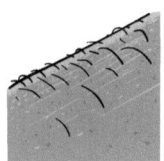

dadaba

huid

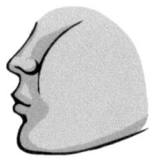

badada

wang

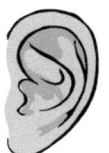

dada

oor

babababa

lip

dadababa

mond

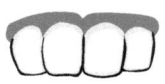

dadadada

tand

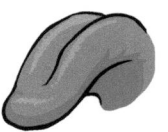

baba

tong

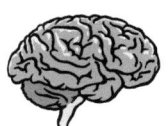

dadadada

hersenen

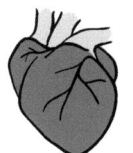

baba

hart

dada

spier

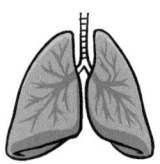

dada

long

dada

lever

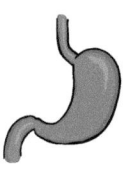

dadababa

maag

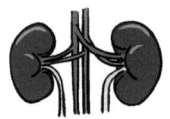

dadaba

nieren

babadada

seks

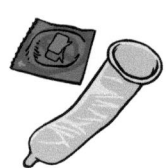

dada

condoom

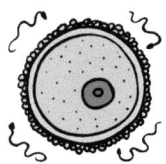

badada

eicel

dadababa

sperma

dadababa

zwangerschap

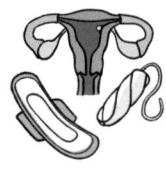

ba

menstruatie

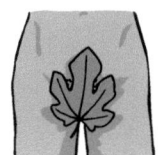

mumu

vagina

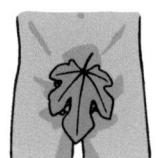

pipi

penis

dada

wenkbrauw

dadababa

haar

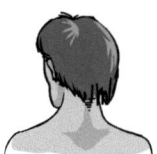

bababa

nek

aua!
ziekenhuis

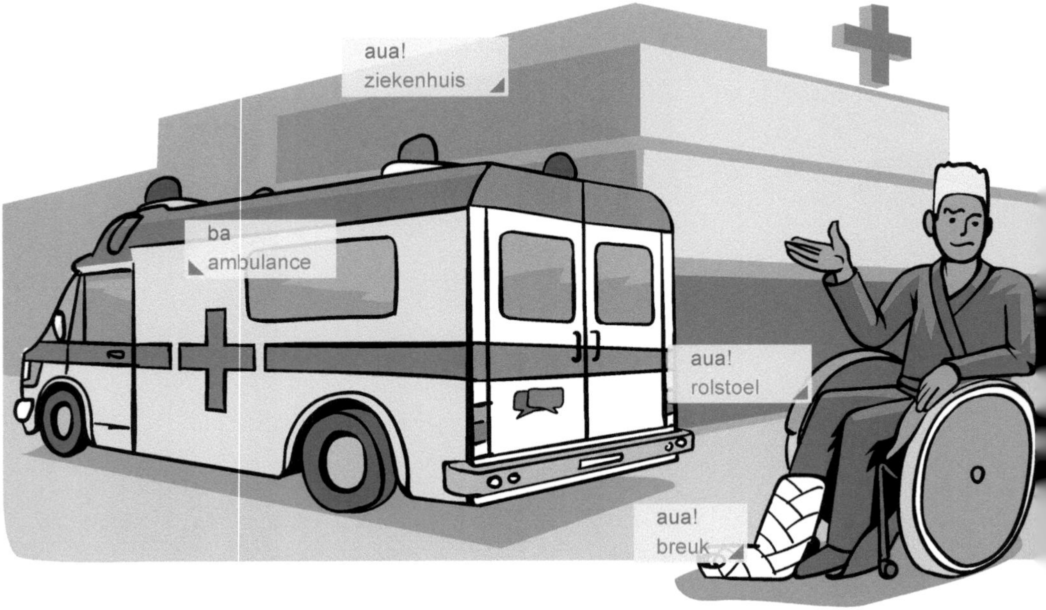

ba
ambulance

aua!
rolstoel

aua!
breuk

aua!
.....
dokter

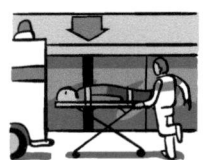

aua!
.....
spoed

aua!
.....
verpleegkundige

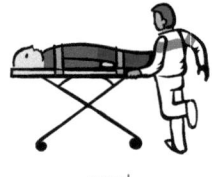

aua!
.....
noodgeval

aua!
.....
bewusteloos

dadababa
.....
pijn

aua!

verwonding

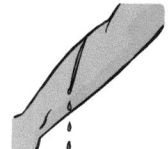

dadadada

bloeding

aua!

hartaanval

aua!

beroerte

dadababa

allergie

aua!

hoest

aua!

koorts

aua!

griep

aua!

diarree

aua!

hoofdpijn

aua!

kanker

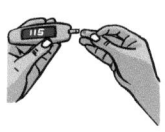

aua!

diabetes

aua!

chirurg

aua!

scalpel

aua!

operatie

aua!

CT

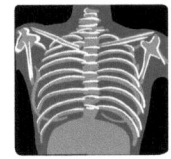

aua!

röntgenstraal

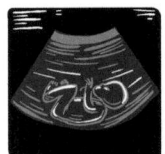

aua!

ultrageluid

aua!

gezichtsmasker

aua!

ziekte

aua!

wachtkamer

aua!

kruk

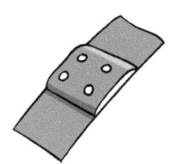

aua!

pleister

dadababa

verband

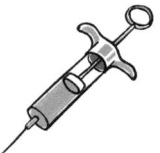

aua!

injectie

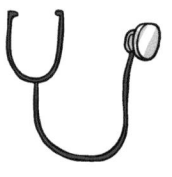

aua!

stethoscoop

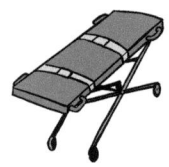

aua!

brancard

aua!

thermometer

aua! bebi!

geboorte

aua!

overgewicht

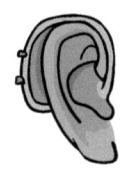

aua!

hoorapparaat

aua!

ontsmettingsmiddel

aua!

infectie

aua!

virus

aua!

HIV / AIDS

aua!

medicijn

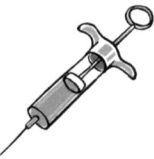

aua!

vaccinatie

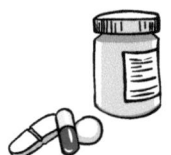

aua!

tabletten

dadaba

pil

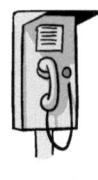

aua!

noodoproep

aua!

bloeddrukmeter

da / ba

ziek / gezond

aua!
Help!

aua!
alarm

aua!
overval

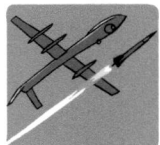

aua!
aanval

aua!
gevaar

dadadada
nooduitgang

dadaba
Brand!

dadaba
brandblusser

aua! aua!
ongeval

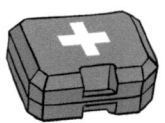

aua!
EHBO-kit

baba
SOS

dadadada
politie

badada

Europa

dadaba

Noord-Amerika

dadababa

Zuid-Amerika

dadaba

Afrika

dadaba

Azië

babababa

Australië

badada

Atlantische Oceaan

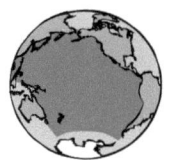

dadaba

Stille Oceaan

baba

Indische Oceaan

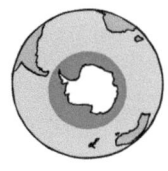
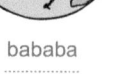

bababa

Antarctische Oceaan

dadababa

Arctische Oceaan

bababa

Noordpool

dadababa

Zuidpool

dadaba

Antarctica

dada

aarde

dadaba

land

badada

zee

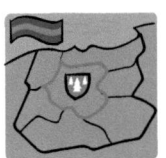

dadadada

eiland

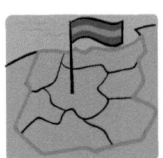

dadadada

natie

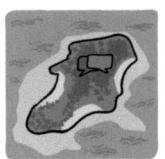

dadababa

staat

baba

wijzerplaat

babadada

uurwijzer

baba

minuutwijzer

bababa

secondewijzer

dadababa

Hoe laat is het?

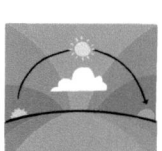

babadada

dag

dada

tijd

baba

nu

dadababa

digitale horloge

dadababa

minuut

bababa

uur

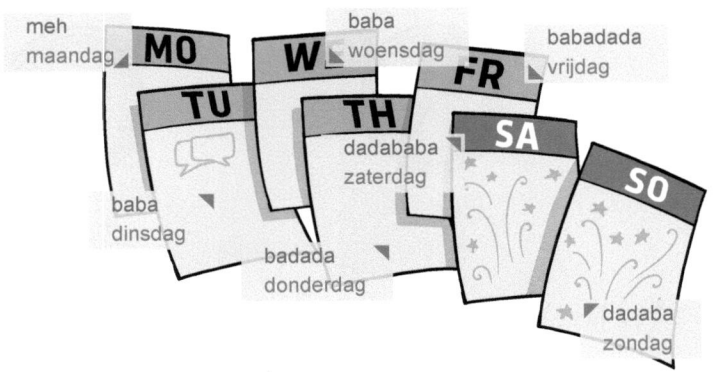

meh
maandag

baba
woensdag

babadada
vrijdag

baba
dinsdag

dadababa
zaterdag

badada
donderdag

dadaba
zondag

dadadada

gisteren

dadababa

vandaag

dadaba

morgen

baba

ochtend

baba

middag

dadadada

avond

MO	TU	WE	TH	FR	SA	SU
1	2	3	4	5	6	7
8	9	10	11	12	13	14
15	16	17	18	19	20	21
22	23	24	25	26	27	28
29	30	31	1	2	3	4

dada

werkdagen

MO	TU	WE	TH	FR	SA	SU
1	2	3	4	5	6	7
8	9	10	11	12	13	14
15	16	17	18	19	20	21
22	23	24	25	26	27	28
29	30	31	1	2	3	4

baba

weekend

dadaba
jaar

dadababa
regen
dadaba
regenboog
dadadada
wind
kalt
sneeuw
dadadada
lente
bababa
herfst
badada
zomer
kalt
winter

4.APRIL 11°
5.APRIL 4°
6.APRIL 13°
7.APRIL 8°
8.APRIL 10°

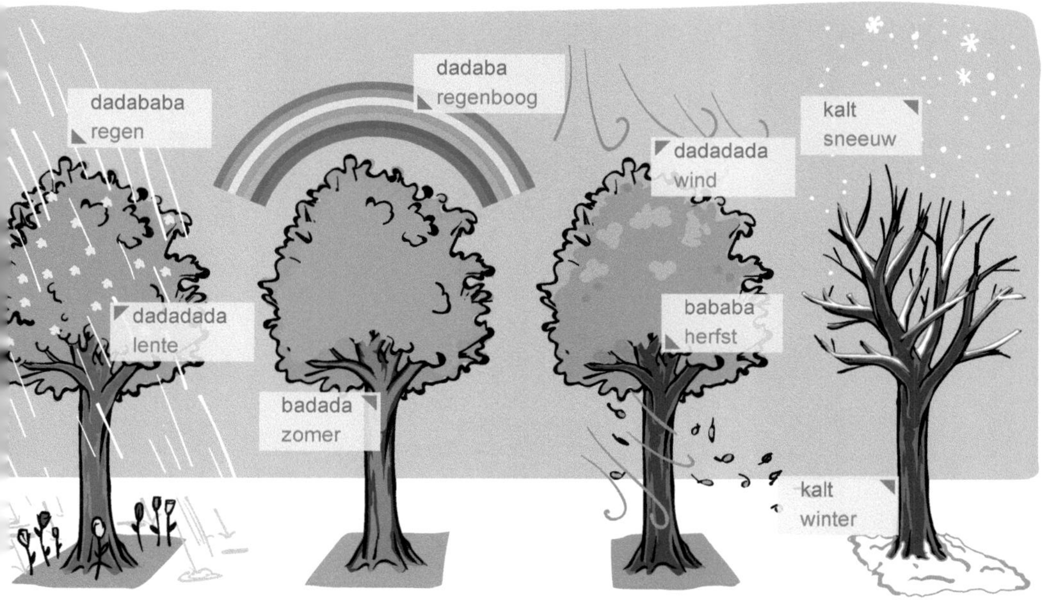

dadababa
weervoorspelling

F C
120 90 60 30 0 -30
40 30 20 10 0 -10 -20

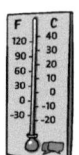

bababa
thermometer

ba
zonneschijn

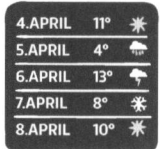

baba
wolk

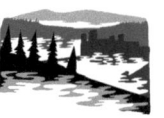

dadadada
mist

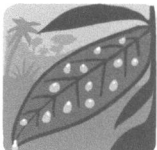

dada
vochtigheid

dadababa

bliksem

dada

donder

badada

storm

dadababa

hagel

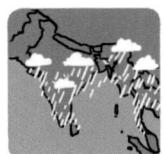

bababa

moesson

dadaba

overstroming

dadadada

ijs

dadaba

januari

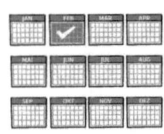

dadaba

februari

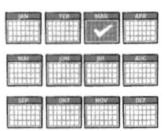

bababa

maart

dadadada

april

dadadada

mei

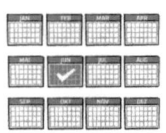

babababa

juni

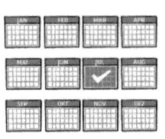

baba

juli

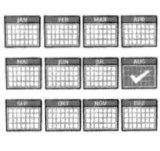

bababa

augustus

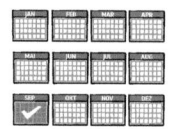

dadadada
....
september

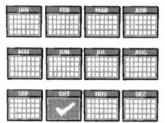

badada
....
oktober

dadababa
....
november

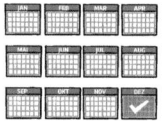

baba
....
december

baba
....
cirkel

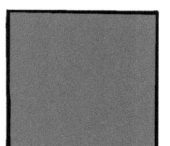

badada
....
kwadraat

dadababa
....
rechthoek

bababba
....
driehoek

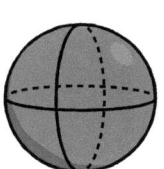

dadadada
....
bol

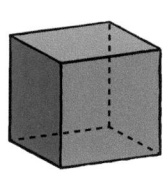

bababba
....
kubus

dadababa

wit

babababa

geel

baba

oranje

dadadada

roze

babadada

rood

dadababa

paars

dadadada

blauw

ba

groen

baba

bruin

bababa

grijs

badada

zwart

da / ba

veel / weinig

da / ba

boos / kalm

da / ba

mooi / lelijk

da / ba

begin / einde

da / ba

groot / klein

da / ba

licht / donker

da / ba

broer / zus

da / ba

proper / vuil

da / bada

volledig / onvolledig

da / ba

dag / nacht

da / ba

dood / levend

da / ba

breed / smal

da / ba

eetbaar / oneetbaar

da / ba

kwaadaardig / vriendelijk

ba / ba

opgewonden / verveeld

da / ba

dik / dun

ba / ba

eerst / laatst

da / bada

vriend / vijand

da / ba

vol / leeg

da / ba

hard / zacht

da / ba

zwaar / licht

da / bada

honger / dorst

da / ba

ziek / gezond

da / ba

illegaal / legaal

da / ba

intelligent / dom

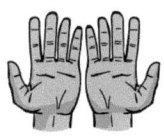

ba / ba

links / rechts

da / ba

dichtbij / veraf

da / bada

nieuw / gebruikt

da / ba

niets / iets

ba / ba

oud / jong

da / ba

aan / uit

da / ba

open / dicht

da / ba

stil / luid

ba / ba

rijk / arm

da / ba

juist / fout

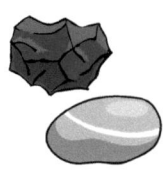

da / ba

ruw / glad

ba / ba

droevig / blij

da / ba

kort / lang

da / ba

traag / snel

da / bada

nat / droog

da / bada

warm / koud

da / ba

oorlog / vrede

0

dada

nul

1

a

één

2

ba

twee

3

da ba da

drie

4

badabada

vier

5

dadababa

vijf

6

dadaba

zes

7

badada

zeven

8

dadababa

acht

9

dadaba

negen

10

dadadada

tien

11

badada

elf

12

baba

twaalf

13

bababa

dertien

14

baba

veertien

15

babadada

vijftien

16

dadababa

zestien

17

babababa

zeventien

18

dadababa

achtien

19

bababa

negentien

20

dadababa

twintig

100

baba

honderd

1.000

baba

duizend

1.000.000

dadababa

miljoen

baba

Engels

babadada

Amerikaans Engels

dadababa

Chinees (Mandarijn)

ba

Hindi

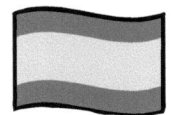

badada

Spaans

ohlala

Frans

babadada

Arabisch

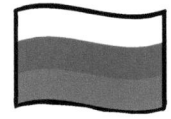

dadaba

Russisch

dada

Portugees

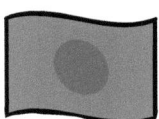

dadadada

Bengali

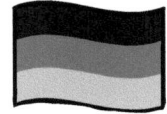

badada

Duits

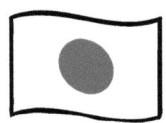

dadadada

Japans

a
ik

dadadada
u

da / da / da
hij / zij / het

o ba ma
wij

babababa
u

baba
ze

dadadada
wie?

dadadada
wat?

baba
hoe?

babababa
waar?

babadada
wanneer?

dadaba
naam

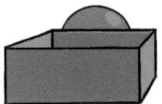

baba

achter

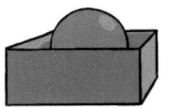

dadaba

in

baba

voor

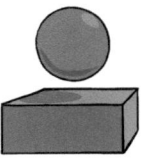

ba

boven

baba

op

dadababa

onder

bababab

naast

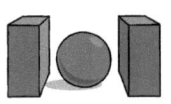

ba

tussen

dada

plaats